DROITS CONSTATÉS

NOUVEAUX TARIFS

SUR LES DROITS DE DÉTAIL & SUR LES BIÈRES

A L'USAGE

DES EMPLOYÉS DE LA RÉGIE

ET DES DÉBITANTS DE BOISSONS

EN EXÉCUTION DE LA LOI DU 19 JUILLET 1880

APPLICABLES A PARTIR DU 1er JANVIER 1881

Par Ch. MARQUANT

Commis principal des Contributions Indirectes, à DOUCHY (Nord)

PRIX : **1** fr. **25** c. rendu *franco.*

VALENCIENNES

IMPRIMERIE Ve EDMON PRIGNET, LIBRAIRE-ÉDITEUR

11, rue de Mons, 11

DROITS CONSTATÉS

NOUVEAUX TARIFS

SUR LES DROITS DE DÉTAIL & SUR LES BIÈRES

A L'USAGE

DES EMPLOYÉS DE LA RÉGIE

ET DES DÉBITANTS DE BOISSONS

EN EXÉCUTION DE LA LOI DU 19 JUILLET 1880

APPLICABLES A PARTIR DU 1er JANVIER 1881

Par Ch. MARQUANT

Commis principal des Contributions Indirectes, à DOUCHY (Nord)

PRIX : **1 fr. 25** c. rendu *franco*.

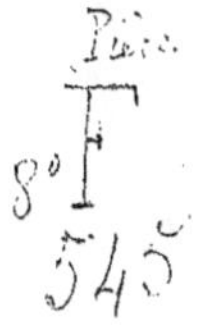

VALENCIENNES

IMPRIMERIE Vᵉ EDMON PRIGNET, LIBRAIRE-ÉDITEUR

11, rue de Mons, 11

AVIS

Le droit de 12 fr. 50 c. p. % sur les vins, cidres, poirés et hydromels étant établi sous forme de Table de Pythagore, pour trouver le droit sur une somme quelconque, il suffit de prendre à la première colonne verticale le chiffre des francs, à la première colonne horizontale celui des centimes, de joindre ensuite perpendiculairement et horizontalement ces deux chiffres, le droit se trouve au point d'intersection.

Lorsqu'on aura à percevoir le droit sur un chiffre supérieur à ceux indiqués dans le premier tableau, on devra se porter au deuxième et prendre d'abord le droit sur les centaines de francs, ensuite celui correspondant à la fraction qui restera et faire le total. Comme il n'y a pas de forcement aux centaines de francs, le total sera toujours parfaitement exact.

Pour vérifier les pages de l'Etat 55, il suffit de multiplier la colonne valeur des vins, cidres, poirés et hydromels par 12 fr. 50 c. et d'ajouter au produit le total des forcements ; on doit retrouver exactement la somme d'argent inscrite au bas de la page. (En réunissant tous les forcements, on peut vérifier la récapitulation de l'état 55.)

MANIÈRE DE TROUVER LES FORCEMENTS

Divisez mentalement la colonne des valeurs par 8 ; s'il n'y a pas de reste, il n'y a pas de forcement.

S'il reste 1 on a forcé de			0 fr. 00875
Do	2	do	0 fr. 00750
Do	3	do	0 fr. 00625
Do	4	do	0 fr. 00500
Do	5	do	0 fr. 00375
Do	6	do	0 fr. 00250
Do	7	do	0 fr. 00125

DROIT de détail sur les Vins, Cidres, Poirés et Hydromels, à raison de 12 fr. 50 cent. pour 100 du prix de vente, en exécution de l'art. 4 de la loi du 19 juillet 1880.

	0.00	0.05	0.10	0.15	0.20	0.25	0.30	0.35	0.40	0.45	0.50	0.55	0.60	0.65	0.70	0.75	0.80	0.85	0.90	0.95
0	»	0.01	0.02	0.02	0.03	0.04	0.04	0.05	0.05	0.06	0.07	0.07	0.08	0.09	0.09	0.10	0.10	0.11	0.12	0.12
1	0.13	0.14	0.14	0.15	0.15	0.16	0.17	0.17	0.18	0.19	0.19	0.20	0.20	0.21	0.22	0.22	0.23	0.24	0.24	0.25
2	0.25	0.26	0.27	0.27	0.28	0.29	0 29	0.30	0.30	0.31	0.32	0.32	0.33	0.34	0.34	0.35	0.35	0.36	0.37	0.37
3	0.38	0.39	0.39	0.40	0.40	0.41	0.42	0.42	0.43	0.44	0.44	0.45	0.45	0.46	0.47	0.47	0.48	0.49	0.49	0.50
4	0.50	0.51	0.52	0.52	0.53	0.54	0.54	0.55	0.55	0.56	0.57	0.57	0.58	0.59	0.59	0.60	0.60	0.61	0.62	0.62
5	0.63	0.64	0.64	0.65	0.65	0.66	0.67	0.67	0.68	0.69	0.69	0.70	0.70	0.71	0.72	0.72	0.73	0.74	0.74	0.75
6	0.75	0.76	0.77	0.77	0.78	0.79	0.79	0.80	0.80	0.81	0.82	0.82	0.83	0.84	0.84	0.85	0.85	0.86	0.87	0.87
7	0.88	0.89	0.89	0.90	0.90	0.91	0.92	0.92	0.93	0.94	0.94	0.95	0.95	0.96	0.97	0.97	0.98	0.99	0.99	1.00
8	1.00	1.01	1.02	1.02	1.03	1.04	1.04	1.05	1.05	1.06	1.07	1.07	1.08	1.09	1.09	1.10	1.10	1.11	1.12	1.12
9	1.13	1.14	1.14	1.15	1.15	1 16	1.17	1.17	1.18	1.19	1.19	1.20	1.20	1.21	1 22	1.22	1.23	1.24	1.24	1.25
10	1.25	1.26	1.27	1.27	1.28	1.29	1·29	1.30	1.30	1.31	1.32	1.32	1.33	1.34	1.34	1.35	1.35	1.36	1.37	1.37
11	1.38	1 39	1.39	1.40	1.40	1.41	1.42	1.42	1.43	1.44	1.44	1.45	1.45	1.46	1.47	1.47	1.48	1.49	1.49	1.50
12	1.50	1.51	1.52	1.52	1.53	1.54	1.54	1 55	1.55	1.56	1.57	1.57	1.58	1.59	1 59	1.60	1.60	1.61	1.62	1.62
13	1.63	1.64	1.64	1.65	1.65	1.66	1.67	1.67	1.68	1.69	1.69	1.70	1.70	1.71	1.72	1.72	1.73	1.74	1.74	1.75
14	1.75	1.76	1.77	1.77	1.78	1.79	1.79	1.80	1.80	1.81	1.82	1.82	1.83	1.84	1.84	1.85	1.85	1.86	1.87	1.87
15	1.88	1.89	1.89	1.90	1.90	1.91	1.92	1.92	1.93	1.94	1.94	1.95	1.95	1.96	1.97	1.97	1.98	1.99	1.99	2.00
16	2.00	2.01	2.02	2.02	2.03	2.04	2.04	2.05	2.05	2.06	2.07	2.07	2.08	2.09	2.09	2.10	2.10	2.11	2.12	2.12
17	2.13	2.14	2.14	2.15	2.15	2.16	2.17	2.17	2.18	2.19	2.19	2.20	2.20	2.21	2.22	2.22	2.23	2.24	2.24	2.25
18	2.25	2.26	2.27	2.27	2.28	2.29	2.29	2.30	2.30	2.31	2.32	2.32	2.33	2.34	2.34	2.35	2.35	2.36	2.37	2.37
19	2.38	2.39	2.39	2.40	2.40	2.41	2.42	2.42	2.43	2.44	2.44	2.45	2.45	2.46	2.47	2.47	2.48	2.49	2.49	2.50
20	2.50	2.51	2.52	2.52	2 53	2.54	2.54	2.55	2.55	2.56	2.57	2.57	2.58	2.59	2.59	2.60	2.60	2.61	2 62	2.62
21	2.63	2.64	2.64	2.65	2.65	2.66	2.67	2.67	2.68	2.69	2.69	2.70	2.70	2.71	2.72	2.72	2.73	2.74	2.74	2.75
22	2.75	2.76	2.77	2.77	2.78	2 79	2·79	2.80	2.80	2.81	2.82	2.82	2.83	2.84	2.84	2.85	2.85	2.86	2 87	2.87
23	2.88	2.89	2.89	2.90	2.90	2.91	2.92	2.92	2.93	2.94	2.94	2.95	2.95	2.96	2.97	2.97	2.98	2.99	2.99	3.00
24	3.00	3.01	3.02	3.02	3.03	3.04	3.04	3.05	3.05	3.06	3.07	3.07	3.08	3.09	3.09	3.10	3.10	3.11	3.12	3.12
25	3.13	3.14	3.14	3.15	3.15	3.16	3.17	3.17	3.18	3.19	3.19	3.20	3.20	3.21	3.22	3.22	3.23	3.24	3.24	3.25
26	3.25	3.26	3.27	3.27	3.28	3.29	3.29	3.30	3.30	3.31	3.32	3.32	3.33	3.34	3.34	3.35	3.35	3.36	3.37	3.37
27	3.38	3.39	3.39	3.40	3.40	3.41	3.42	3.42	3.43	3.44	3 44	3.45	3.45	3.46	3.47	3.47	3.48	3.49	3.49	3.50
28	3.50	3.51	3.52	3.52	3.53	3.54	3.54	3.55	3.55	3.56	3.57	3.57	3.58	3.59	3.59	3.60	3.60	3.61	3.62	3.62
29	3.63	3.64	3.64	3.65	3.65	3.66	3.67	3.67	3.68	3.69	3.69	3.70	3.70	3.71	3.72	3.72	3.73	3.74	3.74	3.75
30	3.75	3.76	3.77	3 77	3.78	3.79	3.79	3.80	3.80	3.81	3.82	3.82	3.83	3.84	3.84	3.85	3.85	3 86	3.87	3.87
31	3.88	3.89	3.89	3.90	3.90	3.91	3.92	3.92	3.93	3.94	3.94	3.95	3.95	3.96	3.97	3.97	3.98	3.99	3.99	4.00
32	4.00	4.01	4.02	4.02	4.03	4.04	4.04	4.05	4 05	4.06	4.07	4.07	4.08	4.09	4 09	4.10	4.10	4.11	4.12	4.12
33	4.13	4.14	4.14	4.15	4.15	4.16	4.17	4.17	4.18	4.19	4.19	4.20	4.20	4 21	4.22	4.22	4.23	4.24	4.24	4.25
34	4.25	4.26	4.27	4.27	4.28	4.29	4.29	4.30	4.30	4.31	4.32	4.32	4.33	4.34	4.34	4.35	4.35	4.36	4.37	4.37
35	4.38	4.39	4 39	4.40	4.40	4.41	4.42	4.42	4.43	4.44	4.44	4.45	4.45	4.46	4.47	4.47	4.48	4.49	4.49	4.50
36	4.50	4.51	4.52	4.52	4.53	4.54	4.54	4.55	4.55	4.56	4.57	4.57	4.58	4.59	4.59	4.60	4.60	4.61	4.62	4.62
37	4.63	4.64	4.64	4.65	4.65	4.66	4.67	4.67	5.68	4.69	4.69	4.70	4.70	4.71	4.72	4.72	4.73	4.74	4.74	4.75
38	4.75	4.76	4.77	4.77	4.78	4.79	4.79	4.80	4.80	4.81	4.82	4.82	4.83	4.84	4.84	4.85	4.85	4.86	4.87	4.87
39	4.88	4.89	4.89	4.90	4.90	4.91	4.92	4.92	4.93	4.94	4.94	4.95	4.95	4.96	4.97	4.97	4.98	4.99	4.99	5.00
40	5.00	5.01	5.02	5.02	5.03	5.04	5.04	5.05	5.05	5.06	5.07	5.07	5.08	5.09	5.09	5.10	5.10	5.11	5.12	5.12

DROIT de détail sur les Vins, Cidres, Poirés et Hydromels, à raison de 12 fr. 50 cent. pour 100 du prix de vente, en exécution de l'art. 4 de la loi du 19 juillet 1880.

	0.00	0.05	0.10	0.15	0.20	0.25	0.30	0.35	0.40	0.45	0.50	0.55	0.60	0.65	0.70	0.75	0.80	0.85	0.90	0.95
41	5.13	5.14	5.14	5.15	5.15	5.16	5.17	5.17	5.18	5.19	5.19	5.20	5.20	5.21	5.22	5.22	5.23	5.24	5.24	5.25
42	5.25	5.26	5.27	5.27	5.28	5.29	5.29	5.30	5.30	5.31	5.32	5.32	5.33	5.34	5.34	5.35	5.35	5.36	5.37	5.37
43	5.38	5.39	5.39	5.40	5.40	5.41	5.42	5.42	5.43	5.44	5.44	5.45	5.45	5.46	5.47	5.47	5.48	5.49	5.49	5.50
44	5.50	5.51	5.52	5.52	5.53	5.54	5.54	5.55	5.55	5.56	5.57	5.57	5.58	5.59	5.59	5.60	5.60	5.61	5.62	5.62
45	5.63	5.64	5.64	5.65	5.65	5.66	5.67	5.67	5.68	5.69	5.69	5.70	5.70	5.71	5.72	5.72	5.73	5.74	5.74	5.75
46	5.75	5.76	5.77	5.77	5.78	5.79	5.79	5.80	5.80	5.81	5.82	5.82	5.83	5.84	5.84	5.85	5.85	5.86	5.87	5.87
47	5.88	5.89	5.89	5.90	5.90	5.91	5.92	5.92	5.93	5.94	5.94	5.95	5.95	5.96	5.97	5.97	5.98	5.99	5.99	6.00
48	6.00	6.01	6.02	6.02	6.03	6.04	6.04	6.05	6.05	6.06	6.07	6.07	6.08	6.09	6.09	6.10	6.10	6.11	6.12	6.12
49	6.13	6.14	6.14	6.15	6.15	6.16	6.17	6.17	6.18	6.19	6.19	6.20	6.20	6.21	6.22	6.22	6.23	6.24	6.24	6.25
50	6.25	6.26	6.27	6.27	6.28	6.29	6.29	6.30	6.30	6.31	6.32	6.32	6.33	6.34	6.34	6.35	6.35	6.36	6.37	6.37
51	6.38	6.39	6.39	6.40	6.40	6.41	6.42	6.42	6.43	6.44	6.44	6.45	6.45	6.46	6.47	6.47	6.48	6.49	6.49	6.50
52	6.50	6.51	6.52	6.52	6.53	6.54	6.54	6.55	6.55	6.56	6.57	6.57	6.58	6.59	6.59	6.60	6.60	6.61	6.62	6.62
53	6.63	6.64	6.64	6.65	6.65	6.66	6.67	6.67	6.68	6.69	6.69	6.70	6.70	6.71	6.72	6.72	6.73	6.74	6.74	6.75
54	6.75	6.76	6.77	6.77	6.78	6.79	6.79	6.80	6.80	6.81	6.82	6.82	6.83	6.84	6.84	6.85	6.85	6.86	6.87	6.87
55	6.88	6.89	6.89	6.90	6.90	6.91	6.92	6.92	6.93	6.94	6.94	6.95	6.95	6.96	6.97	6.97	6.98	6.99	6.99	7.00
56	7.00	7.01	7.02	7.02	7.03	7.04	7.04	7.05	7.05	7.06	7.07	7.07	7.08	7.09	7.09	7.10	7.10	7.11	7.12	7.12
57	7.13	7.14	7.14	7.15	7.15	7.16	7.17	7.17	7.18	7.19	7.19	7.20	7.20	7.21	7.22	7.22	7.23	7.24	7.24	7.25
58	7.25	7.26	7.27	7.27	7.28	7.29	7.29	7.30	7.30	7.31	7.32	7.32	7.33	7.34	7.34	7.35	7.35	7.36	7.37	7.37
59	7.38	7.39	7.39	7.40	7.40	7.41	7.42	7.42	7.43	7.44	7.44	7.45	7.45	7.46	7.47	7.47	7.48	7.49	7.49	7.50
60	7.50	7.51	7.52	7.52	7.53	7.54	7.54	7.55	7.55	7.56	7.57	7.57	7.58	7.59	7.59	7.60	7.60	7.61	7.62	7.62
61	7.63	7.64	7.64	7.65	7.65	7.66	7.67	7.67	7.68	7.69	7.69	7.70	7.70	7.71	7.72	7.72	7.73	7.74	7.74	7.75
62	7.75	7.76	7.77	7.77	7.78	7.79	7.79	7.80	7.80	7.81	7.82	7.82	7.83	7.84	7.84	7.85	7.85	7.86	7.87	7.87
63	7.88	7.89	7.89	7.90	7.90	7.91	7.92	7.92	7.93	7.94	7.94	7.95	7.95	7.96	7.97	7.97	7.98	7.99	7.99	8.00
64	8.00	8.01	8.02	8.02	8.03	8.04	8.04	8.05	8.05	8.06	8.07	8.07	8.08	8.09	8.09	8.10	8.10	8.11	8.12	8.12
65	8.13	8.14	8.14	8.15	8.15	8.16	8.17	8.17	8.18	8.19	8.19	8.20	8.20	8.21	8.22	8.22	8.23	8.24	8.24	8.25
66	8.25	8.26	8.27	8.27	8.28	8.29	8.29	8.30	8.30	8.31	8.32	8.32	8.33	8.34	8.34	8.35	8.35	8.36	8.37	8.37
67	8.38	8.39	8.39	8.40	8.40	8.41	8.42	8.42	8.43	8.44	8.44	8.45	8.45	8.46	8.47	8.47	8.48	8.49	8.49	8.50
68	8.50	8.51	8.52	8.52	8.53	8.54	8.54	8.55	8.55	8.56	8.57	8.57	8.58	8.59	8.59	8.60	8.60	8.61	8.62	8.62
69	8.63	8.64	8.64	8.65	8.65	8.66	8.67	8.67	8.68	8.69	8.69	8.70	8.70	8.71	8.72	8.72	8.73	8.74	8.74	8.75
70	8.75	8.76	8.77	8.77	8.78	8.79	8.79	8.80	8.80	8.81	8.82	8.82	8.83	8.84	8.84	8.85	8.85	8.86	8.87	8.87
71	8.88	8.89	8.89	8.90	8.90	8.91	8.92	8.92	8.93	8.94	8.94	8.95	8.95	8.96	8.97	8.97	8.98	8.99	8.99	9.00
72	9.00	9.01	9.02	9.02	9.03	9.04	9.04	9.05	9.05	9.06	9.07	9.07	9.08	9.09	9.09	9.10	9.10	9.11	9.12	9.12
73	9.13	9.14	9.14	9.15	9.15	9.16	9.17	9.17	9.18	9.19	9.19	9.20	9.20	9.21	9.22	9.22	9.23	9.24	9.24	9.25
74	9.25	9.26	9.27	9.27	9.28	9.29	9.29	9.30	9.30	9.31	9.32	9.32	9.33	9.34	9.34	9.35	9.35	9.36	9.37	9.37
75	9.38	9.39	9.39	9.40	9.40	9.41	9.42	9.42	9.43	9.44	9.44	9.45	9.45	9.46	9.47	9.47	9.48	9.49	9.49	9.50
76	9.50	9.51	9.52	9.52	9.53	9.54	9.54	9.55	9.55	9.56	9.57	9.57	9.58	9.59	9.59	9.60	9.60	9.61	9.62	9.62
77	9.63	9.64	9.64	9.65	9.65	9.66	9.67	9.67	9.68	9.69	9.69	9.70	9.70	9.71	9.72	9.72	9.73	9.74	9.74	9.75
78	9.75	9.76	9.77	9.77	9.78	9.79	9.79	9.80	9.80	9.81	9.82	9.82	9.83	9.84	9.84	9.85	9.85	9.86	9.87	9.87
79	9.88	9.89	9.89	9.90	9.90	9.91	9.92	9.92	9.93	9.94	9.94	9.95	9.95	9.96	9.97	9.97	9.98	9.99	9.99	10.00
80	10.00	10.01	10.02	10.02	10.03	10.04	10.04	10.05	10.05	10.06	10.07	10.07	10.08	10.09	10.09	10.10	10.10	10.11	10.12	10.12

DROIT de détail sur les Vins, Cidres, Poirés et Hydromels, à raison de 12 fr. 50 cent. pour 100 du prix de vente, en exécution de l'art. 4 de la loi du 19 juillet 1880.

	0.00	0.05	0.10	0.15	0.20	0.25	0.30	0.35	0.40	0.45	0.50	0.55	0.60	0.65	0.70	0.75	0.80	0.85	0.95	0.90
81	10.13	10.14	10.14	10.15	10.15	10.16	10.17	10.17	10.18	10.19	10.19	10.20	10.20	10.21	10.22	10.22	10.23	10.24	10.24	10.25
82	10.25	10.26	10.27	10.27	10.28	10.29	10.29	10.30	10.30	10.31	10.32	10.32	10.33	10.34	10.34	10.35	10.35	10.36	10.37	10.37
83	10.38	10.39	10.39	10.40	10.40	10.41	10.42	10.42	10.43	10.44	10.44	10.45	10.45	10.46	10.47	10.47	10.48	10.49	10.49	10.50
84	10.50	10.51	10.52	10.52	10.53	10.54	10.54	10.55	10.55	10.56	10 57	10.57	10.58	10.59	10.59	10.60	10.60	10.61	10.62	10.62
85	10.63	10.64	10.64	10.65	10.65	10.66	10.67	10.67	10.68	10.69	10.69	10.70	10.70	10.71	10 72	10.72	10.73	10.74	10.74	10.75
86	10.75	10.76	10.77	10.77	10.78	10.79	10.79	10.80	10.80	10.81	10.82	10.82	10.83	10.84	10.84	10.85	10.85	10.86	10.87	10.87
87	10.88	10.89	10.89	10.90	10.90	10.91	10.92	10.92	10.93	10.94	10.94	10.95	10.95	10.96	10.97	10.97	10.98	10.99	10.99	11.00
88	11.00	11.01	11.02	11.02	11.03	11.04	11.04	11.05	11.05	11 06	11.07	11.07	11.08	11.09	11.09	11.10	11.10	11.11	11.12	11.12
89	11.13	11.14	11.14	11.15	11.15	11.16	11.17	11.17	11.18	11.19	11.19	11.20	11.20	11.21	11.22	11.22	11.23	11.24	11.24	11.25
90	11.25	11.26	11.27	11.27	11.28	11.29	11.29	11.30	11.30	11.31	11.32	11.32	11.33	11.34	11.34	11.35	11.35	11.36	11.37	11.37
91	11.38	11.39	11.39	11.40	11.40	11.41	11.42	11.42	11.43	11.44	11.44	11.45	11.45	11.46	11.47	11 47	11.48	11.49	11.49	11.50
92	11.50	11.51	11.52	11.52	11.53	11.54	11.54	11.55	11.55	11.56	11.57	11.57	11.58	11.59	11.59	11.60	11 60	11.61	11.62	11.62
93	11.63	11.64	11.64	11.65	11.65	11.66	11.67	11.67	11.68	11.69	11.69	11.70	11.70	11.71	11 72	11 72	11.73	11.74	11.74	11.75
94	11.75	11.76	11.77	11.77	11.78	11.79	11.79	11.80	11.80	11.81	11.82	11.82	11.83	11.84	11.84	11.85	11.85	11.86	11.87	11.88
95	11.88	11.89	11.89	11.90	11.90	11.91	11.92	11.92	11.93	11.94	11.94	11.95	11.95	11.96	11.97	11.97	11.98	11.99	11.99	12.00
96	12.00	12.01	12.02	12.02	12.03	12.04	12.04	12.05	12.05	12.06	12.07	12.07	12.08	12.09	12.09	12.10	12.10	12.11	12.12	12.12
97	12.13	12.14	12.14	12 15	12.15	12.16	12.17	12.17	12.18	12.19	12.19	12.20	12.20	12.21	12.22	12.22	12.23	12.24	12.24	12.25
98	12.25	12.26	12.27	12.27	12.28	12.29	12.29	12.30	12.30	12.31	12.32	12.32	12.33	12.34	12.34	12.35	12.35	12.36	12.37	12.37
99	12.38	12.39	12.39	12.40	12.40	12.41	12.42	12.42	12.43	12.44	12.44	12.45	12.45	12.46	12.47	12.47	12.48	12.49	12.49	12.50
100	12.50	12.51	12.52	12.52	12.53	12.54	12.54	12.55	12.55	12.56	12.57	12.57	12.58	12.59	12.59	12.60	12.60	12.61	12.62	12.62

DROIT de détail sur les Vins, Cidres, Poirés et Hydromels, à raison de 12 fr. 50 cent. pour 100 du prix de vente, en exécution de l'art. 4 de la loi du 19 juillet 1880.

CADRE donnant le Droit à percevoir sur toutes les centaines de francs, depuis cent francs jusqu'à dix mille francs et au-delà.

SOMME.	DROIT.	SOMME.	DROIT.	SOMME.	DROIT.	SOMME.	DROIT.	SOMME.	DROIT.	SOMME.	DROIT.
100	12,50	1.800	225, » »	3.500	437,50	5.200	650, » »	6.900	862,50	8.600	1.075,00
200	25, » »	1.900	237,50	3.600	450, » »	5.300	662,50	7.000	875, » »	8.700	1.087,50
300	37,50	2.000	250, » »	3.700	462,50	5.400	675, » »	7.100	887,50	8.800	1.100,00
400	50, » »	2.100	262,50	3.800	475. » »	5.500	687,50	7.200	900, » »	8.900	1.112,50
500	62,50	2.200	275, » »	3.900	487,50	5.600	700, » »	7.300	912,50	9.000	1.125,00
600	75, » »	2.300	287,50	4.000	500, » »	5.700	712,50	7.400	925, » »	9.100	1.137,50
700	87,50	2.400	300, » »	4.100	512,50	5.800	725, » »	7.500	937,50	9.200	1.150,00
800	100, » »	2.500	312,50	4.200	525, » »	5.900	737,50	7.600	950, » »	9.300	1.162,50
900	112,50	2.600	325, » »	4.300	537,50	6.000	750, » »	7.700	962,50	9.400	1.175,00
1.000	125, » »	2.700	337,50	4.400	550, » »	6.100	762,50	7.800	975, » »	9.500	1.187,50
1.100	137,50	2.800	350, » »	4.500	562,50	6.200	775, » »	7.900	987,50	9.600	1.200,00
1.200	150, » »	2.900	362,50	4.600	575, » »	6.300	787,50	8.000	1.000, » »	9.700	1.212,50
1.300	162,50	3.000	375, » »	4.700	587,50	6.400	800, » »	8.100	1.012,50	9.800	1.225,00
1.400	175, » »	3.100	387,50	4.800	600, » »	6.500	812,50	8.200	1.025, » »	9.900	1.237,50
1.500	187,50	3.200	400, » »	4.900	612,50	6.600	825, » »	8.300	1.037,50	10.000	1.250,00
1.600	200, » »	3.300	412,50	5.000	625, » »	6.700	837,50	8.400	1.050, » »	20.000	2.500,00
1.700	212,50	3.400	425, » »	5.100	637,50	6.800	850, » »	8.500	1.062,50	40.000	5.000,00
										100.000	12.500,00

AVIS CONCERNANT LE TARIF CI-APRÈS

Pour vérifier les registres nᵒˢ 9 ou 4 B au bas de chaque page ou en fin de mois, il suffit de multiplier la colonne alcools par 156 francs 25 cent. l'hectolitre, et d'ajouter au produit le total des forcements ; on doit retrouver exactement la somme d'argent inscrite au registre.

MANIÈRE DE TROUVER LES FORCEMENTS

Divisez mentalement le chiffre d'alcool par 8 ; s'il n'y a pas de reste, il n'y a pas de forcement :

S'il reste 1	on a forcé de	0 fr. 00375	
Dᵒ 2	dᵒ	0 fr. 00750	
Dᵒ 3	dᵒ	0 fr. 00125	
Dᵒ 4	dᵒ	0 fr. 00500	
Dᵒ 5	dᵒ	0 fr. 00875	
Dᵒ 6	dᵒ	0 fr. 00250	
Dᵒ 7	dᵒ	0 fr. 00625	

TARIF des Droits de consommation sur les Alcools et Absinthes, à raison de 156 fr. 25 cent. l'hectolitre, en exécution de l'article 2 de la loi du 19 juillet 1880, applicable au 1er janvier 1881.

De 0 litre 1 décilitre à 10 litres								De 10 litres 1 décilitre à 20 litres							
Litres — Décilitres	DROIT	Litres — Décilitres	DROIT	Litres — Décilitres	DROIT	Litres — Décilitres	DROIT	Litres — Décilitres	DROIT	Litres — Décilitres	DROIT	Litres — Décilitres	DROIT	Litres — Décilitres	DROIT
0.1	0.16	2.6	4.07	5.1	7.97	7.6	11.88	10.1	15.79	12.6	19.69	15.1	23.60	17.6	27.50
0.2	0.32	2.7	4.22	5.2	8.13	7.7	12.04	10.2	15.94	12.7	19.85	15.2	23.75	17.7	27.66
0.3	0.47	2.8	4.38	5.3	8 29	7.8	12.19	10.3	16.10	12.8	20.00	15.3	23.91	17.8	27.82
0.4	0.63	2.9	4.54	5.4	8.44	7.9	12.35	10.4	16.25	12.9	20.16	15.4	24.07	17.9	27.97
0.5	0.79	3.0	4.69	5.5	8.60	8.0	12.50	10.5	16.41	13.0	20.32	15.5	24.22	18.0	28.13
0.6	0.94	3.1	4.85	5.6	8.75	8.1	12.66	10.6	16 57	13.1	20.47	15.6	24.38	18.1	28.29
0.7	1.10	3.2	5.00	5.7	8.91	8.2	12.82	10.7	16.72	13.2	20.63	15.7	24.54	18.2	28.44
0.8	1.25	3.3	5.16	5.8	9.07	8.3	12.97	10.8	16.88	13.3	20.79	15.8	24.69	18.3	28.60
0.9	1.41	3.4	5.32	5.9	9.22	8.4	13.13	10.9	17.04	13.4	20.94	15.9	24.85	18.4	28.75
1.0	1.57	3.5	5.47	6.0	9.38	8.5	13.29	11.0	17.19	13.5	21.10	16.0	25.00	18.5	28.91
1.1	1.72	3.6	5.63	6.1	9.54	8.6	13.44	11.1	17.35	13.6	21.25	16.1	25.16	18.6	29.07
1.2	1.88	3.7	5.79	6.2	9.69	8.7	13.60	11.2	17.50	13.7	21.41	16.2	25.32	18.7	29.22
1.3	2.04	3.8	5.94	6.3	9.85	8.8	13.75	11.3	17.66	13.8	21.57	16.3	25.47	18.8	29.38
1.4	2.19	3.9	6.10	6.4	10.00	8.9	13.91	11.4	17.82	13.9	21.72	16.4	25.63	18.9	29.54
1.5	2.35	4.0	6 25	6.5	10.16	9.0	14.07	11.5	17.97	14.0	21.88	16.5	25.79	19.0	29.69
1.6	2.50	4.1	6.41	6.6	10.32	9.1	14.22	11.6	18.13	14.1	22.04	16.6	25.94	19.1	29.85
1.7	2.66	4.2	6.57	6.7	10.47	9.2	14.38	11.7	18.29	14.2	22.19	16.7	26.10	19.2	30.00
1.8	2.82	4.3	6.72	6.8	10.63	9.3	14.54	11.8	18.44	14.3	22.35	16.8	26.25	19.3	30.16
1.9	2.97	4.4	6.88	6.9	10.79	9.4	14.69	11.9	18.60	14.4	22.50	16.9	26.41	19.4	30.32
2.0	3.13	4.5	7.04	7.0	10.94	9.5	14.85	12.0	18.75	14.5	22.66	17.0	26.57	19.5	30.47
2.1	3.29	4.6	7.19	7.1	11.10	9.6	15.00	12.1	18.91	14.6	22.82	17.1	26.72	19.6	30.63
2.2	3.44	4.7	7.35	7.2	11.25	9.7	15.16	12.2	19.07	14.7	22.97	17.2	26.88	19.7	30.79
2.3	3.60	4.8	7.50	7.3	11.41	9.8	15.32	12.3	19.22	14.8	23.13	17.3	27.04	19.8	30.94
2.4	3.75	4.9	7.66	7.4	11.57	9.9	15.47	12.4	19.38	14.9	23.29	17.4	27.19	19.9	31.10
2.5	3.91	5.0	7.82	7.5	11.72	10.0	15.63	12.5	19.54	15.0	23.44	17.5	27.35	20.0	31.25

NOTA. — Lorsqu'on aura à percevoir les droits sur un chiffre de un ou plusieurs hectolitres, il faudra se porter à la fin du présent Tarif et prendre d'abord le droit sur le chiffre d'hectolitres ; ensuite celui correspondant au nombre de litres et décilitres, et faire le total.

TARIF des Droits de comsommation sur les Alcools et Absinthes, à raison de 156 fr. 25 cent. l'hectolitre, en exécution de l'article 2 de la loi du 19 juillet 1880, applicable au 1er janvier 1881.

De 20 litres 1 décilitre à 30 litres

Litres — Décilitres	DROIT	Litres — Décilitres	DROIT	Litres — Décilitres	DROIT	Litres — Décilitres	DROIT
20.1	31.41	22.6	35.32	25.1	39.22	27.6	43.13
20.2	31.57	22.7	35.47	25.2	39.38	27.7	43.29
20.3	31.72	22.8	35.63	25.3	39.54	27.8	43.44
20.4	31.88	22.9	35.79	25.4	39.69	27.9	43 60
20.5	32.04	23.0	35.94	25.5	39.85	28.0	43.75
20.6	32.19	23.1	36.10	25.6	40.00	28.1	43.91
20.7	32.35	23.2	36.25	25.7	40.16	28.2	44.07
20.8	32.50	23.3	36.41	25.8	40.32	28.3	44.22
20.9	32.66	23.4	36.57	25.9	40.47	28.4	44.38
21.0	32.82	23.5	36.72	26.0	40.63	28.5	44.54
21.1	32.97	23.6	36.88	26.1	40.79	28.6	44.69
21.2	33.13	23.7	37.04	26.2	40.94	28.7	44.85
21.3	33.29	23.8	37.19	26.3	41.10	28.8	45.00
21.4	33.44	23.9	37.35	26.4	41.25	28.9	45.16
21.5	33.60	24.0	37.50	26.5	41.41	29.0	45.32
21.6	33.75	24.1	37.66	26.6	41.57	29.1	45.47
21.7	33.91	24.2	37.82	26.7	41.72	29.2	45.63
21.8	34.07	24.3	37.97	26.8	41.88	29.3	45.79
21.9	34.22	24.4	38.13	26.9	42.04	29.4	45.94
22.0	34.38	24.5	38.29	27.0	42.19	29.5	46.10
22.1	34.54	24.6	38.44	27.1	42.35	29.6	46.25
22.2	34.69	24.7	38.60	27.2	42.50	29.7	46.41
22.3	34.85	24.8	38.75	27.3	42.66	29.8	46 57
22.4	35.00	24.9	38.91	27.4	42.82	29.9	46.72
22.5	35.16	25.0	39.07	27.5	42.97	30.0	46.88

De 30 litres 1 décilitre à 40 litres

Litres — Décilitres	DROIT	Litres — Décilitres	DROIT	Litres — Décilitres	PROIT	Litres — Décilitres	DNOIT
30.1	47.04	32.6	50.94	35.1	54.85	37.6	58.75
30.2	47.19	32.7	51.10	35.2	55.00	37.7	58.91
30.3	47.35	32.8	51.25	35.3	55.16	37.8	59.07
30.4	47.50	32.9	51.41	35.4	55.32	37.9	59.22
30.5	47.66	33.0	51.57	35.5	55.47	38.0	59.38
30.6	47.82	33.1	51.72	35.6	55.63	38.1	59.54
30.7	47.97	33.2	51.88	35.7	55.79	38.2	59.69
30.8	48.13	33.3	52.04	35.8	55.94	38.3	59.85
30.9	48.29	33.4	52.19	35.9	56.10	38.4	60.00
31.0	48.44	33.5	52.35	36.0	56.25	38.5	60 16
31.1	48.60	33.6	52.50	36.1	56.41	38.6	60.32
31.2	48.75	33.7	52.66	36.2	56.57	38.7	60.47
31.3	48.91	33.8	52.82	36.3	56.72	38.8	60.63
31.4	49.07	33.9	52.97	36.4	56.88	38.9	60.79
31.5	49.22	34.0	53.13	36.5	57.04	39.0	60.94
31.6	49.38	34.1	53.29	36.6	57.19	39.1	61.10
31.7	49.54	34.2	53.44	36.7	57.35	39.2	61.25
31.8	49.69	34.3	53.60	36.8	57.50	39.3	61.41
31.9	49.85	34.4	53.75	36.9	57.66	39.4	61.57
32.0	50.00	34.5	53.91	37.0	57.82	39.5	61.72
32.1	50.16	34.6	54.07	37.1	57.97	39.6	61.85
32.2	50.32	34.7	54.22	37.2	58.13	39.7	62.04
32.3	50.47	34.8	54.38	37.3	58.29	39.8	62.19
32.4	50.63	34.9	54.54	37.4	58.44	39.9	62.35
32.5	50.79	35.0	54.69	37.5	58.60	40.0	62.50

TARIF des Droits de consommation sur les Alcools et Absinthes, à raison de 156 fr. 25 cent. l'hectolitre, en exécution de l'article 2 de la loi du 19 juillet 1880, applicable au 1ᵉʳ janvier 1881.

De 40 litres 1 décilitre à 50 litres

Litres — Décilitres	DROIT	Litres — Décilitres	DROIT	Litres — Décilitres	DROIT	Litres — Décilitres	DROIT
40.1	62.66	42.6	66.57	45.1	70.47	47.6	74.38
40.2	62.82	42.7	66.72	45.2	70.63	47.7	74.54
40.3	62.97	42.8	66.88	45.3	70.79	47.8	74.69
40.4	63.13	42.9	67.04	45.4	70.94	47.9	74.85
40.5	63.29	43.0	67.19	45.5	71.10	48.0	75.00
40.6	63.44	43.1	67.35	45.6	71.25	48.1	75.16
40.7	63.60	43.2	67.50	45.7	71.41	48.2	75.32
40.8	63.75	43.3	67.66	45.8	71.57	48.3	75.47
40.9	63.91	43.4	67.82	45.9	71.72	48.4	75.63
41.0	64.07	43.5	67.97	46.0	71.88	48.5	75.79
41.1	64.22	43.6	68.13	46.1	72.04	48.6	75.94
41.2	64.38	43.7	68.29	46.2	72.19	48.7	76.10
41.3	64.54	43.8	68.44	46.3	72.35	48.8	76.25
41.4	64.69	43.9	68.60	46.4	72.50	48.9	76.41
41.5	64.85	44.0	68.75	46.5	72.66	49.0	76.57
41.6	65.00	44.1	68.91	46.6	72.82	49.1	76.72
41.7	65.16	44.2	69.07	46.7	72.97	49.2	76.88
41.8	65.32	44.3	69.22	46.8	73.13	49.3	77.04
41.9	65.47	44.4	69.38	46.9	73.29	49.4	77.19
42.0	65.63	44.5	69.54	47.0	73.44	49.5	77.35
42.1	65.79	44.6	69.69	47.1	73.60	49.6	77.50
42.2	65.94	44.7	69.85	47.2	73.75	49.7	77.66
42.3	66.10	44.8	70.00	47.3	73.91	49.8	77.82
42.4	66.25	44.9	70.16	47.4	74.07	49.9	77.97
42.5	66.41	45.0	70.32	47.5	74.22	50.0	78.13

De 50 litres 1 décilitre à 60 litres

Litres — Décilitres	DROIT	Litres — Décilitres	DROIT	Litres — Décilitres	DROIT	Litres — Décilitres	DROIT
50.1	78.29	52.6	82.19	55.1	86.10	57.6	90.00
50.2	78.44	52.7	82.35	55.2	86.25	57.7	90.16
50.3	78.60	52.8	82.50	55.3	86.41	57.8	90.32
50.4	78.75	52.9	82.66	55.4	86.57	57.9	90.47
50.5	78.91	53.0	82.82	55.5	86.72	58.0	90.63
50.6	79.07	53.1	82.97	55.6	86.88	58.1	90.79
50.7	79.22	53.2	83.13	55.7	87.04	58.2	90.94
50.8	79.38	53.3	83.29	55.8	87.19	58.3	91.10
50.9	79.54	53.4	83.44	55.9	87.35	58.4	91.25
51.0	79.69	53.5	83.60	56.0	87.50	58.5	91.41
51.1	79.85	53.6	83.75	56.1	87.66	58.6	91.57
51.2	80.00	53.7	83.91	56.2	87.82	58.7	91.72
51.3	80.16	53.8	84.07	56.3	87.97	58.8	91.88
51.4	80.32	53.9	84.22	56.4	88.13	58.9	92.04
51.5	80.47	54.0	84.38	56.5	88.29	59.0	92.19
51.6	80.63	54.1	84.54	56.6	88.44	59.1	92.35
51.7	80.79	54.2	84.69	56.7	88.60	59.2	92.50
51.8	80.94	54.3	84.85	56.8	88.75	59.3	92.66
51.9	81.10	54.4	85.00	56.9	88.91	59.4	92.82
52.0	81.25	54.5	85.16	57.0	89.07	59.5	92.97
52.1	81.41	54.6	85.32	57.1	89.22	59.6	93.13
52.2	81.57	54.7	85.47	57.2	89.38	59.7	93.29
52.3	81.72	54.8	85.63	57.3	89.54	59.8	93.44
52.4	81.88	54.9	85.79	57.4	89.69	59.9	93.60
52.5	82.04	55.0	85.94	57.5	89.85	60.0	93.75

TARIF des Droits de consommation sur les Alcools et Absinthes, à raison de 156 fr. 25 cent. l'hectolitre, en exécution de l'article 2 de la loi du 19 juillet 1880, applicable au 1ᵉʳ janvier 1881.

De 60 litres 1 décilitre à 70 litres

Litres — Décilitres	DROIT	Litres — Décilitres	DROIT	Litres — Décilitres	DROIT	Litres — Décilitres	DROIT
60.1	93.91	62.6	97.82	65.1	101.72	67.6	105.63
60.2	94.07	62.7	97.97	65.2	101.88	67.7	105.79
60.3	94.22	62.8	98.13	65.3	102.04	67.8	105.94
60.4	94.38	62.9	98.29	65.4	102.19	67.9	106.10
60.5	94.54	63.0	98.44	65.5	102.35	68.0	106.25
60.6	94.69	63.1	98.60	65.6	102.50	68.1	106.41
60.7	94.85	63.2	98.75	65.7	102.66	68.2	106.57
60.8	95.00	63.3	98.91	65.8	102.82	68.3	106.72
60.9	95.16	63.4	99.07	65.9	102.97	68.4	106.88
61.0	95.32	63.5	99.22	66.0	103.13	68.5	107.04
61.1	95.47	63.6	99.38	66.1	103.29	68.6	107.19
61.2	95.63	63.7	99.54	66.2	103.44	68.7	107.35
61.3	95.79	63.8	99.69	66.3	103.60	68.8	107.50
61.4	95.94	63.9	99.85	66.4	103.75	68.9	107.66
61.5	96.10	64.0	100.00	66.5	103.91	69.0	107.82
61.6	96.25	64.1	100.16	66.6	104.07	69.1	107.97
61.7	96.41	64.2	100.32	66.7	104.22	69.2	108.13
61.8	96.57	64.3	100.47	66.8	104.38	69.3	108.29
61.9	96.72	64.4	100.63	66.9	104.54	69.4	108.44
62.0	96.88	64.5	100.79	67.0	104.69	69.5	108.60
62.1	97.04	64.6	100.94	67.1	104.85	69.6	108.75
62.2	97.19	64.7	101.10	67.2	105.00	69.7	108.91
62.3	97.35	64.8	101.25	67.3	105.16	69.8	109.07
62.4	97.50	64.9	101.41	67.4	105.32	69.9	109.22
62.5	97.66	65.0	101.57	67.5	105.47	70.0	109.38

De 70 litres 1 décilitre à 80 litres

Litres — Décilitres	DROIT	Litres — Décilitres	DROIT	Litres — Décilitres	DROIT	Litres — Décilitres	DROIT
70.1	109.54	72.6	113.44	75.1	117.35	77.6	121.25
70.2	109.69	72.7	113.60	75.2	117.50	77.7	121.41
70.3	109.85	72.8	113.75	75.3	117.66	77.8	121.57
70.4	110.00	72.9	113.91	75.4	117.82	77.9	121.72
70.5	110.16	73.0	114.07	75.5	117.97	78.0	121.88
70.6	110.32	73.1	114.22	75.6	118.13	78.1	122.04
70.7	110.47	73.2	114.38	75.7	118.29	78.2	122.19
70.8	110.63	73.3	114.54	75.8	118.44	78.3	122.35
70.9	110.79	73.4	114.69	75.9	118.60	78.4	122.50
71.0	110.94	73.5	114.85	76.0	118.75	78.5	122.66
71.1	111.10	73.6	115.00	76.1	118.91	78.6	122.82
71.2	111.25	73.7	115.16	76.2	119.07	78.7	122.97
71.3	111.41	73.8	115.32	76.3	119.22	78.8	123.13
71.4	111.57	73.9	115.47	76.4	119.38	78.9	123.29
71.5	111.72	74.0	115.63	76.5	119.54	79.0	123.44
71.6	111.88	74.1	115.79	76.6	119.69	79.1	123.60
71.7	112.04	74.2	115.94	76.7	119.85	79.2	123.75
71.8	112.19	74.3	116.10	76.8	120.00	79.3	123.91
71.9	112.35	74.4	116.25	76.9	120.16	79.4	124.07
72.0	112.50	74.5	116.41	77.0	120.32	79.5	124.22
72.1	112.66	74.6	116.57	77.1	120.47	79.6	124.38
72.2	112.82	74.7	116.72	77.2	120.63	79.7	124.54
72.3	112.97	74.8	116.88	77.3	120.79	79.8	124.69
72.4	113.13	74.9	117.04	77.4	120.94	79.9	124.85
72.5	113.29	75.0	117.19	77.5	121.10	80.0	125.00

ARIF des Droits de consommation sur les Alcools et Absinthes, à raison de 156 fr. 25 cent. l'hectolitre, en exécution de l'article 2 de la loi du 19 juillet 1880, applicable au 1er janvier 1881.

De 80 litres 1 décilitre à 90 litres

Litres — Décilitres	DROIT	Litres — Décilitres	DROIT	Litres — Décilitres	DROIT	Litres — Décilitres	DROIT
80.1	125.16	82.6	129.07	85.1	132.97	87.6	136.88
80.2	125.32	82.7	129.22	85.2	133.13	87.7	137.04
80.3	125.47	82.8	129.38	85.3	133.29	87.8	137.19
80.4	125.63	82.9	129.54	85.4	133.44	87.9	137.35
80.5	125.79	83.0	129.69	85.5	133.60	88.0	137.50
80.6	125.94	83.1	129.85	85.6	133.75	88.1	137.66
80.7	126.10	83.2	130.00	85.7	133.91	88.2	137.82
80.8	126.25	83.3	130.16	85.8	134.07	88.3	137.97
80.9	126.41	83.4	130.32	85.9	134.22	88.4	138.13
81.0	126.57	83.5	130.47	86.0	134.38	88.5	138.29
81.1	126.72	83.6	130.63	86.1	134.54	88.6	138.44
81.2	126.88	83.7	130.79	86.2	134.69	88.7	138.60
81.3	127.04	83.8	130.94	86.3	134.85	88.8	138.75
81.4	127.19	83.9	131.10	86.4	135.00	88.9	138.91
81.5	127.35	84.0	131.25	86.5	135.16	89.0	139.07
81.6	127.50	84.1	131.41	86.6	135.32	89.1	139.22
81.7	127.66	84.2	131.57	86.7	135.47	89.2	139.38
81.8	127.82	84.3	131.72	86.8	135.63	89.3	139.54
81.9	127.97	84.4	131.88	86.9	135.79	89.4	139.69
82.0	128.13	84.5	132.04	87.0	135.94	89.5	139.85
82.1	128.29	84.6	132.19	87.1	136.10	89.6	140.00
82.2	128.44	84.7	132.35	87.2	136.25	89.7	140.16
82.3	128.60	84.8	132.50	87.3	136.41	89.8	140.32
82.4	128.75	84.9	132.66	87.4	136.57	89.9	140.47
82.5	128.91	85.0	132.82	87.5	136.72	90.0	140.63

De 90 litres 1 décilitre à 100 litres

Litres — Décilitres	DROIT	Litres — Décilitres	DROIT	Litres — Décilitres	DROIT	Litres — Décilitres	DROIT
90.1	140.79	93.0	145.32	95.9	149.85	98.8	154.38
90.2	140.94	93.1	145.47	96.0	150.00	98.9	154.54
90.3	141.10	93.2	145.63	96.1	150.16	99.0	154.69
90.4	141.25	93.3	145.79	96.2	150.32	99.1	154.85
90.5	141.41	93.4	145.94	96.3	150.47	99.2	155.00
90.6	141.57	93.5	146.10	96.4	150.63	99.3	155.16
90.7	141.72	93.6	146.25	96.5	150.79	99.4	155.32
90.8	141.88	93.7	146.41	96.6	150.94	99.5	155.47
90.9	142.04	93.8	146.57	96.7	151.10	99.6	155.63
91.0	142.19	93.9	146.72	96.8	151.25	99.7	155.79
91.1	142.35	94.0	146.88	96.9	151.41	99.8	155.94
91.2	142.50	94.1	147.04	97.0	151.57	99.9	156.10
91.3	142.66	94.2	147.19	97.1	151.72	100	156.25
91.4	142.82	94.3	147.35	97.2	151.88		
91.5	142.97	94.4	147.50	97.3	152.04		
91.6	143.13	94.5	147.66	97.4	152.19		
91.7	143.29	94.6	147.82	97.5	152.35		
91.8	143.44	94.7	147.97	97.6	152.50		
91.9	143.60	94.8	148.13	97.7	152.66		
92.0	143.75	94.9	148.29	97.8	152.82		
92.1	143.91	95.0	148.44	97.9	152.97		
92.2	144.07	95.1	148.60	98.0	153.13		
92.3	144.22	95.2	148.75	98.1	153.29		
92.4	144.38	95.3	148.91	98.2	153.44		
92.5	144.54	95.4	149.07	98.3	153.60		
92.6	144.69	95.5	149.22	98.4	153.75		
92.7	144.85	95.6	149.38	98.5	153.91		
92.8	145.00	95.7	149.54	98.6	154.07		
92.9	145.16	95.8	149.69	98.7	154.22		

HECTOLITRES	DROIT
1	156.25
2	312.50
3	468.75
4	625.00
5	781.25
6	937.50
7	1093.75
8	1250.00
9	1406.25
10	1562.50

TARIF par centilitres d'alcool pur, à raison de 312 fr. 50 cent. l'hectolitre sur les alcools contenus dans les vins (double droit de consommation).

Nombre de centilitres	Droit	Nombre de centilitres	Droit	Nombre de centilitres	Droit	Nombre de centilitres	Droit	Nombre de centilitres	Droit	Nombre de centilitres	Droit	Nombre de centilitres	Droit	Nombre de centilitres	Droit
0.01	0.04	0.28	0.88	0.55	1.72	0.82	2.57	1.09	3.41	1.36	4.25	1.63	5.10	1.90	5.94
0.02	0.07	0.29	0.91	0.56	1.75	0.83	2.60	1.10	3.44	1.37	4.29	1.64	5.13	1.91	5.97
0.03	0.10	0.30	0.94	0.57	1.79	0.84	2.63	1.11	3.47	1.38	4.32	1.65	5.16	1.92	6.00
0.04	0.13	0.31	0.97	0.58	1.82	0.85	2.66	1.12	3.50	1.39	4.35	1.66	5.19	1.93	6.04
0.05	0.16	0.32	1.00	0.59	1.85	0.86	2.69	1.13	3.54	1.40	4.38	1.67	5.22	1.94	6.07
0.06	0.19	0.33	1.04	0.60	1.88	0.87	2.72	1.14	3.57	1.41	4.41	1.68	5.25	1.95	6.10
0.07	0.22	0.34	1.07	0.61	1.91	0.88	2.75	1.15	3.60	1.42	4.44	1.69	5.29	1.96	6.13
0.08	0.25	0.35	1.10	0.62	1.94	0.89	2.79	1.16	3.63	1.43	4.47	1.70	5.32	1.97	6.16
0.09	0.29	0.36	1.13	0.63	1.97	0.90	2.82	1.17	3.66	1.44	4.50	1.71	5.35	1.98	6.19
0.10	0.32	0.37	1.16	0.64	2.00	0.91	2.85	1.18	3.69	1.45	4.54	1.72	5.38	1.99	6.22
0.11	0.35	0.38	1.19	0.65	2.04	0.92	2.88	1.19	3.72	1.46	4.57	1.73	5.41	2.00	6.25
0.12	0.38	0.39	1.22	0.66	2.07	0.93	2.91	1.20	3.75	1.47	4.60	1.74	5.44		
0.13	0.41	0.40	1.25	0.67	2.10	0.94	2.94	1.21	3.79	1.48	4.63	1.75	5.47		
0.14	0.44	0.41	1.29	0.68	2.13	0.95	2.97	1.22	3.82	1.49	4.66	1.76	5.50		
0.15	0.47	0.42	1.32	0.69	2.16	0.96	3.00	1.23	3.85	1.50	4.69	1.77	5.54		
0.16	0.50	0.43	1.35	0.70	2.19	0.97	3.04	1.24	3.88	1.51	4.72	1.78	5.57		
0.17	0.54	0.44	1.38	0.71	2.22	0.98	3.07	1.25	3.91	1.52	4.75	1.79	5.60		
0.18	0.57	0.45	1.41	0.72	2.25	0.99	3.10	1.26	3.94	1.53	4.79	1.80	5.63		
0.19	0.60	0.46	1.44	0.73	2.29	1.00	3.13	1.27	3.97	1.54	4.82	1.81	5.66		
0.20	0.63	0.47	1.47	0.74	2.32	1.01	3.16	1.28	4.00	1.55	4.85	1.82	5.69		
0.21	0.66	0.48	1.50	0.75	2.35	1.02	3.19	1.29	4.04	1.56	4.88	1.83	5.72		
0.22	0.69	0.49	1.54	0.76	2.38	1.03	3.22	1.30	4.07	1.57	4.91	1.84	5.75		
0.23	0.72	0.50	1.57	0.77	2.41	1.04	3.25	1.31	4.10	1.58	4.94	1.85	5.79		
0.24	0.75	0.51	1.60	0.78	2.44	1.05	3.29	1.32	4.13	1.59	4.97	1.86	5.82		
0.25	0.79	0.52	1.63	0.79	2.47	1.06	3.32	1.33	4.16	1.60	5.00	1.87	5.85		
0.26	0.82	0.53	1.66	0.80	2.50	1.07	3.35	1.34	4.19	1.61	5.04	1.88	5.88		
0.27	0.85	0.54	1.69	0.81	2.54	1.08	3.38	1.35	4.22	1.62	5.07	1.89	5.91		

NOMBRE de litres	DROIT
2.00	6.25
4.00	12.50
6.00	18.75
8.00	25.00
10.00	31.25
12.00	37.50
14.00	43.75
16.00	50.00
18.00	56.25
20.00	62.50

NOTA. — La quantité de deux litres d'alcool n'a pas de forcement ; également tous les multiples de deux litres n'ont pas de forcement. Ainsi lorsqu'on aura à établir le droit sur un chiffre d'alcool supérieur à deux litres, il faudra prendre au cadre final le droit sur la quantité de deux litres, ou d'un de ses multiples, ensuite celui correspondant à la fraction qui restera, et faire le total. Exemple : soit sur 15 litres 39 centilitres :

Droit sur 14 litres.......... 43.75 } 48.89
Droit sur 1 litre 39 centil... 4.35 }

MANIÈRE DE VÉRIFIER

Pour vérifier l'état 55 au bas de chaque page, il faut multiplier le total de la colonne alcool par 312 fr. 50 et ajouter au produit le total des forcements, qu'on trouvera en divisant mentalement chaque quantité de cette colonne par 8. S'il n'y a pas de reste, il n'y a pas de forcement.

S'il reste 1 on a forcé de 0.00875
— 2 — 0.00750
— 3 — 0.00625
— 4 — 0.00500
— 5 — 0.00375
— 6 — 0.00250
— 7 — 0.00125

TABLE de **Pythagore** donnant, au point d'intersection, le produit en décilitres d'alcool pur de tous les nombres, de 1 à 10, multipliés par les degrés les plus usités.

NOMBRE × PAR	33	34	35	36	37	38	39	40	41	42	43	44	45	46	47	48	49
1	0.3	0.3	0.4	0.4	0.4	0.4	0.4	0.4	0.4	0.4	0.4	0.4	0.5	0.5	0.5	0.5	0.5
2	0.7	0.7	0.7	0.7	0.7	0.8	0.8	0.8	0.8	0.8	0.9	0.9	0.9	0.9	0.9	1.0	1.0
3	1.0	1.0	1.1	1.1	1.1	1.1	1.2	1.2	1.2	1.3	1.3	1.3	1.4	1.4	1.4	1.4	1.5
4	1.3	1.4	1.4	1.4	1.5	1.5	1.6	1.6	1.6	1.7	1.7	1.8	1.8	1.8	1.9	1.9	2.0
5	1.7	1.7	1.8	1.8	1.9	1.9	2.0	2.0	2.1	2.1	2.2	2.2	2.3	2.3	2.4	2.4	2.5
6	2.0	2.0	2.1	2.2	2.2	2.3	2.3	2.4	2.5	2.5	2.6	2.6	2.7	2.8	2.8	2.9	2.9
7	2.3	2.4	2.5	2.5	2.6	2.7	2.7	2.8	2.9	2.9	3.0	3.1	3.2	3.2	3.3	3.4	3.4
8	2.6	2.7	2.8	2.9	3.0	3.0	3.1	3.2	3.3	3.4	3.4	3.5	3.6	3.7	3.8	3.8	3.9
9	3.0	3.1	3.2	3.2	3.3	3.4	3.5	3.6	3.7	3.8	3.9	4.0	4.1	4.1	4.2	4.3	4.4
10	3.3	3.4	3.5	3.6	3.7	3.8	3.9	4.0	4.1	4.2	4.3	4.4	4.5	4.6	4.7	4.8	4.9

TABLE de **Pythagore** donnant, au point d'intersection, le produit en litres d'alcool pur de tous les nombres, de 11 à 100, multipliés par les degrés les plus usités.

NOMBRE + PAR	33	34	35	36	37	38	39	40	41	42	43	44	45	46	47	48	49
11	4	4	4	4	4	4	4	4	5	5	5	5	5	5	5	5	5
12	4	4	4	4	4	5	5	5	5	5	5	5	5	6	6	6	6
13	4	4	5	5	5	5	5	5	5	5	6	6	6	6	6	6	6
14	5	5	5	5	5	5	5	6	6	6	6	6	6	6	7	7	7
15	5	5	5	5	6	6	6	6	6	6	6	7	7	7	7	7	7
16	5	5	6	6	6	6	6	6	7	7	7	7	7	7	8	8	8
17	6	6	6	6	6	6	7	7	7	7	7	7	8	8	8	8	8
18	6	6	6	6	7	7	7	7	7	8	8	8	8	8	8	9	9
19	6	6	7	7	7	7	7	8	8	8	8	8	9	9	9	9	9
20	7	7	7	7	7	8	8	8	8	8	9	9	9	9	9	10	10
21	7	7	7	8	8	8	8	8	9	9	9	9	9	10	10	10	10

NOTA. — Ce Barême est d'une grande utilité aux employés, attendu qu'il leur fait gagner beaucoup de temps dans leurs relevés aux recettes buralistes, chose toujours agréable, principalement dans les tournées extérieures.

TABLE de Pythagore donnant, au point d'intersection, le produit en litres d'alcool pur de tous les nombres de 11 à 100, multipliés par les degrés les plus usités *(Suite)*.

NOMBRE + PAR	33	34	35	36	37	38	39	40	41	42	43	44	45	46	47	48	49
22	7	7	8	8	8	8	9	9	9	9	9	10	10	10	10	11	11
23	8	8	8	8	9	9	9	9	9	10	10	10	10	11	11	11	11
24	8	8	8	9	9	9	9	10	10	10	10	11	11	11	11	12	12
25	8	9	9	9	9	10	10	10	10	11	11	11	11	12	12	12	12
26	9	9	9	9	10	10	10	10	11	11	11	11	12	12	12	12	13
27	9	9	9	10	10	10	11	11	11	11	12	12	12	12	13	13	13
28	9	10	10	10	10	11	11	11	11	12	12	12	13	13	13	13	14
29	10	10	10	10	11	11	11	12	12	12	12	13	13	13	14	14	14
30	10	10	10	11	11	11	12	12	12	13	13	13	14	14	14	14	15
31	10	11	11	11	11	12	12	12	13	13	13	14	14	14	15	15	15
32	11	11	11	12	12	12	12	13	13	13	14	14	14	15	15	15	16
33	11	11	12	12	12	13	13	13	14	14	14	15	15	15	16	16	16
34	11	12	12	12	13	13	13	13	14	14	15	15	15	16	16	16	17
35	12	12	12	13	13	13	14	14	14	15	15	15	16	16	16	17	17
36	12	12	13	13	13	14	14	14	15	15	15	16	16	17	17	17	18
37	12	13	13	13	14	14	14	15	15	16	16	16	17	17	17	18	18
38	13	13	13	14	14	14	15	15	16	16	16	17	17	17	18	18	19
39	13	13	14	14	14	15	15	16	16	16	17	17	18	18	18	19	19
40	13	14	14	14	15	15	16	16	16	17	17	18	18	18	19	19	20
41	14	14	14	15	15	16	16	16	17	17	18	18	18	19	19	20	20
42	14	14	15	15	16	16	16	17	17	18	18	18	19	19	20	20	21
43	14	15	15	15	16	16	17	17	18	18	18	19	19	20	20	21	21
44	15	15	15	16	16	17	17	18	18	18	19	19	20	20	21	21	22
45	15	15	16	16	17	17	18	18	18	19	19	20	20	21	21	22	22
46	15	16	16	17	17	17	18	18	19	19	20	20	21	21	22	22	23
47	16	16	16	17	17	18	18	19	19	20	20	21	21	22	22	23	23
48	16	16	17	17	18	18	19	19	20	20	21	21	22	22	23	23	24

TABLE de Pythagore donnant, au point d'intersection, le produit en litres d'alcool pur de tous les nombres de 11 à 100, multipliés par les degrés les plus usités *(Suite)*.

NOMBRE + PAR	33	34	35	36	37	38	39	40	41	42	43	44	45	46	47	48	49
49	16	17	17	18	18	19	19	20	20	21	21	22	22	23	23	24	24
50	17	17	18	18	19	19	20	20	21	21	22	22	23	23	24	24	25
51	17	17	18	18	19	19	20	20	21	21	22	22	23	23	24	24	25
52	17	18	18	19	19	20	20	21	21	22	22	23	23	24	24	25	25
53	17	18	19	19	20	20	21	21	22	22	23	23	24	24	25	25	26
54	18	18	19	19	20	21	21	22	22	23	23	24	24	25	25	26	26
55	18	19	19	20	20	21	21	22	23	23	24	24	25	25	26	26	27
56	18	19	20	20	21	21	22	22	23	24	24	25	25	26	26	27	27
57	19	19	20	21	21	22	22	23	23	24	25	25	26	26	27	27	28
58	19	20	20	21	21	22	23	23	24	24	25	26	26	27	27	28	28
59	19	20	21	21	22	22	23	24	24	25	25	26	27	27	28	28	29
60	20	20	21	22	22	23	23	24	25	25	26	26	27	28	28	29	29
61	20	21	21	22	23	23	24	24	25	26	26	27	27	28	29	29	30
62	20	21	22	22	23	24	24	25	25	26	27	27	28	29	29	30	30
63	21	21	22	23	23	24	25	25	26	26	27	28	28	29	30	30	31
64	21	22	22	23	24	24	25	26	26	27	28	28	29	29	30	31	31
65	21	22	23	23	24	25	25	26	27	27	28	29	29	30	31	31	32
66	22	22	23	24	24	25	26	26	27	28	28	29	30	30	31	32	32
67	22	23	23	24	25	25	26	27	27	28	29	29	30	31	31	32	33
68	22	23	24	24	25	26	27	27	28	29	29	30	31	31	32	33	33
69	23	23	24	25	26	26	27	28	28	29	30	30	31	32	32	33	34
70	23	24	25	25	26	27	27	28	29	29	30	31	32	32	33	34	34
71	23	24	25	26	26	27	28	28	29	30	31	31	32	33	33	34	35
72	24	24	25	26	27	27	28	29	30	30	31	32	32	33	34	35	35
73	24	25	26	26	27	28	28	29	30	31	31	32	33	34	34	35	36
74	24	25	26	27	27	28	29	30	30	31	32	33	33	34	35	36	36
75	25	26	26	27	28	29	29	30	31	32	32	33	34	35	35	36	37

TABLE de **Pythagore** donnant, au point d'intersection, le produit en litres d'alcool pur de tous les nombres de 11 à 100, multipliés par les degrés les plus usités *(Suite et fin)*.

NOMBRE + PAR	33	34	35	36	37	38	39	40	41	42	43	44	45	46	47	48	49
76	25	26	27	27	28	29	30	30	31	32	33	33	34	35	36	36	37
77	25	26	27	28	28	29	30	31	32	32	33	34	35	35	36	37	38
78	26	27	27	28	29	30	30	31	32	33	34	34	35	36	37	37	38
79	26	27	28	28	29	30	31	32	32	33	34	35	36	36	37	38	39
80	26	27	28	29	30	30	31	32	33	34	34	35	36	37	38	38	39
81	27	28	28	29	30	31	32	32	33	34	35	36	36	37	38	39	40
82	27	28	29	30	30	31	32	33	34	34	35	36	37	38	39	39	40
83	27	28	29	30	31	32	32	33	34	35	36	37	37	38	39	40	41
84	28	29	29	30	31	32	33	34	34	35	36	37	38	39	39	40	41
85	28	29	30	31	31	32	33	34	35	36	37	37	38	39	40	41	42
86	28	29	30	31	32	33	34	34	35	36	37	38	39	40	40	41	42
87	29	30	30	31	32	33	34	35	36	37	37	38	39	40	41	42	43
88	29	30	31	32	33	33	34	35	36	37	38	39	40	40	41	42	43
89	29	30	31	32	33	34	35	36	36	37	38	39	40	41	42	43	44
90	30	31	31	32	33	34	35	36	37	38	39	40	41	41	42	43	44
91	30	31	32	33	34	35	35	36	37	38	39	40	41	42	43	44	45
92	30	31	32	33	34	35	36	37	38	39	40	40	41	42	43	44	45
93	31	32	33	33	34	35	36	37	38	39	40	41	42	43	44	45	46
94	31	32	33	34	35	36	37	38	39	39	40	41	42	43	44	45	46
95	31	32	33	34	35	36	37	38	39	40	41	42	43	44	45	46	47
96	32	33	34	35	36	36	37	38	39	40	41	42	43	44	45	46	47
97	32	33	34	35	36	37	38	39	40	41	42	43	44	45	46	47	48
98	32	33	34	35	36	37	38	39	40	41	42	43	44	45	46	47	48
99	33	34	35	36	37	38	39	40	41	42	43	44	45	46	47	48	49

VÉRIFICATION. —Pour la vérification de l'état 59, il suffit d'émarger les forcements en établissant les décomptes au portatif n° 58 et de les réunir à la récapitulation trimestrielle.

FORCEMENTS. — Pour trouver les forcements, il suffit de diviser mentalement les quantités : bière forte et petite bière par 4, si la division s'opère sans reste, il n'y a pas de forcement.

			BIÈRE FORTE	PETITE BIÈRE
S'il reste 1 on a forcé de........			0.0025	0.0075
D°	2	d°	0.0050	0.0050
D°	3	d°	0.0075	0.0025

NOTA. — Pour trouver le droit à percevoir sur des quantités quelconques de bière, il suffit de prendre 1° au cadre 2 le droit sur le nombre d'hectolitres, ensuite celui afférent au nombre de litres, cadre 1, et faire le total.

EXEMPLE : Soit sur 325 hectolitres 19 litres de bière forte et 145 hectolitres 84 litres de petite bière.

FORCEMENTS

Droit sur 235 h.	à 375.............	1218.75	} 1219.47	000.75
D° 0 h. 19	d°	72		
D° 145 h.	à 125.............	181.25	} 182.30	»
D° 0 h. 84	d°	1.05		
			1401.77	0000.75

CADRE 1.

TARIFS (par litres) des Droits à la fabrication des Bières.

LITRES	DROIT B. F.	DROIT P. B.	LITRES	DROIT B. F.	DROIT P. B.	LITRES	DROIT B. F.	DROIT P. B.	LITRES	DROIT B. F.	DROIT P. B.	LITRES	DROIT B. F.	DROIT P. B.	LITRES	DROIT B. F.	DROIT P. B.
1	0.04	0.02	18	0.68	0.23	35	1.32	0.44	52	1.95	0.65	69	2.59	0.87	86	3.23	1.08
2	0.08	0.03	19	0.72	0.24	36	1.35	0.45	53	1.99	0.67	70	2.63	0.88	87	3.27	1.09
3	0.12	0.04	20	0.75	0.25	37	1.39	0.47	54	2.03	0.68	71	2.67	0.89	88	3.30	1.10
4	0.15	0.05	21	0.79	0.27	38	1.43	0.48	55	2.07	0.69	72	2.70	0.90	89	3.34	1.12
5	0.19	0.07	22	0.83	0.38	39	1.47	0.49	56	2.10	0.70	73	2.74	0.92	90	3.38	1.13
6	0.23	0.08	23	0.87	0.29	40	1.50	0.50	57	2.14	0.72	74	2.78	0.93	91	3.42	1.14
7	0.27	0.09	24	0.90	0.30	41	1.54	0.52	58	2.18	0.73	75	2.82	0.94	92	3.45	1.15
8	0.30	0.10	25	0.94	0.32	42	1.58	0.53	59	2.22	0.74	76	2.85	0.95	93	3.49	1.17
9	0.34	0.12	26	0.98	0.33	43	1.62	0.54	60	2.25	0.75	77	2.89	0.97	94	3.53	1.18
10	0.38	0.13	27	1.02	0.34	44	1.65	0.55	61	2.29	0.77	78	2.93	0.98	95	3.57	1.19
11	0.42	0.14	28	1.05	0.35	45	1.69	0.57	62	2.33	0.78	79	2.97	0.99	96	3.60	1.20
12	0.45	0.15	29	1.09	0.37	46	1.73	0,58	63	2.37	0.79	80	3.00	1.00	97	3.64	1.22
13	0.49	0.17	30	1.13	0.38	47	1.77	0.59	64	2.40	0.80	81	3.04	1.02	98	3.68	1.23
14	0.53	0.18	31	1.17	0.39	48	1.80	0.60	65	2.44	0.82	82	3.08	1.03	99	3.72	1.24
15	0.57	0.19	32	1.20	0.40	49	1.84	0.62	66	2.48	0.83	83	3.12	1.04	100	3.75	1.25
16	0.60	0.20	33	1.24	0.42	50	1.88	0.63	67	2.53	0.84	84	3.15	1.05			
17	0.64	0.22	34	1.28	0.43	51	1.92	0.64	68	2.55	0.85	85	3.19	1.07			

Hectolitres	DROIT		Hectolitres	DROIT		Hectolitres	DROIT		Hectolitres	DROIT		Hectolitres	DROIT		Hectolitres	DROIT	
	B. F.	P. B.		B. F.	P. B.		B. F.	P. B.		B. F.	P. B.		B. F.	P. B.		B. F.	P. B.
1	3.75	1.25	30	112.50	37.50	59	221.25	73.75	88	330.» »	110.» »	117	438.75	146.25	146	547.50	182.50
2	7.50	2.50	31	116.25	38.75	60	225.» »	75.» »	89	333.75	111.25	118	442.50	147.50	147	551.25	183.75
3	11.25	3.75	32	120.» »	40.» »	61	228.75	76.25	90	337.50	112.50	119	446.25	148.75	148	555.» »	185.» »
4	15.» »	5.» »	33	123.75	41.25	62	232.50	77.50	91	341.25	113.75	120	450.» »	150.» »	149	558.75	186.25
5	18,75	6.25	34	127.50	42.50	63	236.25	78.75	92	345.» »	115.» »	121	453.75	151.25	150	562.50	187.50
6	22.50	7.50	35	131.25	43.75	64	240.» »	80.» »	93	348.75	116.25	122	457.50	152.50	151	566.25	188.75
7	26.25	8.75	36	135.» »	45.» »	65	243.75	81.25	94	352.50	117.50	123	461.25	153.75	152	570.» »	190.» »
8	30.» »	10.» »	37	138.75	46.25	66	247.50	82.50	95	356.25	118.75	124	465.» »	155.» »	153	573.75	191.25
9	33.75	11.25	38	142.50	47.50	67	251.25	83.75	96	360.» »	120.» »	125	468.75	156.25	154	577.50	192.50
10	37.50	12.50	39	146.25	48.75	68	255.» »	85.» »	97	363.75	121.25	126	472.50	157.50	155	584.25	193.75
11	41.25	13.75	40	150.» »	50.» »	69	258.75	86.25	98	367.50	122.50	127	476.25	158.75	156	585.» »	195.» »
12	45.» »	15.» »	41	153.75	51.25	70	262.50	87.50	99	371.25	123.75	128	480.» »	160.» »	157	588.75	196.25
13	48.75	16.25	42	157.50	52.50	71	266.25	88.75	100	375.» »	125.» »	129	483.75	161.25	158	592.50	197.50
14	52.50	17.50	43	161.25	53.75	72	270.» »	90.» »	101	378.75	126.25	130	487.50	162.50	159	596.25	198.75
15	56.25	18.75	44	165.» »	55.» »	73	273.75	91.25	102	382.50	127.50	131	491.25	163.75	160	600.» »	200.» »
16	60.» »	20.» »	45	168.75	56.25	74	277.50	92.50	103	386.25	128.75	132	495.» »	165.» »	161	603.75	201.25
17	63.75	21.25	46	172.50	57.50	75	281.25	93.75	104	390.» »	130.» »	133	498.75	166.25	162	607.50	202.50
18	67.50	22.50	47	176.25	58.75	76	285.» »	95.» »	105	393.75	131.25	134	502.50	167.50	163	611.25	203.75
19	71.25	23.75	48	180.» »	60.» »	77	288.75	96.25	106	397.50	132.50	135	506.25	168.75	164	615.» »	205.» »
20	75.» »	25.» »	49	183.75	61.25	78	292.50	97.50	107	401.25	133.75	136	510.» »	170.» »	165	618.75	206.25
21	78.75	26.25	50	187.50	62.50	79	296.25	98.75	108	405.» »	135.» »	137	513.75	171.25	166	622.50	207.50
22	82.50	27.50	51	191.25	63.75	80	300.» »	100.» »	109	408.75	136.25	138	517.50	172.50	167	626.25	208.75
23	86.25	28.75	52	195.» »	65.» »	81	303.75	101.25	110	412.50	137.50	139	521.25	173.75	168	630.» »	210.» »
24	90.» »	30.» »	53	198.75	66.25	82	307.50	102.50	111	416.25	138.75	140	525.» »	175.» »	169	633.75	211.25
25	93.75	31.25	54	202.50	67.50	83	311.25	103.75	112	420.» »	140.» »	141	528.75	176.26	170	637.50	212.50
26	97.50	32.50	55	206.25	68.75	84	315.» »	105.» »	113	423.75	141.25	142	532.50	177.50	171	641.25	213.75
27	101.25	33.75	56	210.» »	70.» »	85	318.75	106.25	114	427.50	142.50	143	536.25	178.75	172	645.» »	215.» »
28	105.» »	35.» »	57	213.75	71.25	86	322.50	107.50	115	431.25	143.75	144	540.» »	180.» »	173	648.75	216.25
29	108.75	36.25	58	217.50	72.50	87	326.25	108.75	116	435.» »	145.» »	145	543,75	181.25	174	652.50	217.50

Hectolitres	DROIT B. F.	DROIT P. B.	Hectolitres	DROIT B. F.	DROIT P. B.	Hectolitres	DROIT B. F.	DROIT P. B.	Hectolitres	DROIT B. F.	DROIT P. B.	Hectolitres	DROIT B. F.	DROIT P. B.	Hectolitres	DROIT B. F.	DROIT P. B.
175	656.25	218.75	203	761.25	253.75	231	866.25	288.75	259	971.25	323.75	287	1076.25	358.75	315	1181.25	393.75
176	660.»»	220.»»	204	765.»»	255.»»	232	870.»»	290.»»	260	975.»»	325.»»	288	1080.»»	360.»»	316	1185.»»	395.»»
177	663.75	221.25	205	768.75	256.25	233	873.75	291.25	261	978.75	326.25	289	1083.75	361.25	317	1188.75	396.25
178	667.50	222.50	206	772.50	257.50	234	877.50	292.50	262	982.50	327.50	290	1087.50	362.50	318	1192.50	397.50
179	671.25	223.75	207	776.25	258.75	235	881.25	293.75	263	986.25	328.75	291	1091.25	363.75	319	1196.25	398.75
180	675.»»	225.»»	208	780.»»	260.»»	236	885.»»	295.»»	264	990.»»	330.»»	292	1095.»»	365.»»	320	1200.»»	400.»»
181	678.75	226.25	209	783.75	261.25	237	888.75	296.25	265	993.75	331.25	293	1098.75	366.25	321	1203.75	401.25
182	682.50	227.50	210	787.50	262.50	238	892.50	297.50	266	997.50	332.50	294	1102.50	367.50	322	1207.50	402.50
183	686.25	228.75	211	791.25	263.75	239	896.25	298.75	267	1001.25	333.75	295	1106.25	368.75	323	1211.25	403.75
184	690.»»	230.»»	212	795.»»	265.»»	240	900.»»	300.»»	268	1005.»»	335.»»	296	1110.»»	370.»»	324	1215.»»	405.»»
185	693.75	231.25	213	798.75	266.25	241	903.75	301.25	269	1008.75	336.25	297	1113.75	371.25	325	1218.75	406.25
186	697.50	232.50	214	802.50	267.50	242	907.50	302.50	270	1012.50	337.50	298	1117.50	372.50	326	1222.50	407.50
187	701.25	233.75	215	806.25	268.75	243	911.25	303.75	271	1016.25	338.75	299	1121.25	373.75	327	1226.25	408.75
188	705.»»	235.»»	216	810.»»	270.»»	244	915.»»	305.»»	272	1020.»»	340.»»	300	1125.»»	375.»»	328	1230.»»	410.»»
189	708.75	236.25	216	813.75	271.25	245	918.75	306.25	273	1023.75	341.25	301	1128.75	376.25	329	1233.75	411.25
190	712.50	237.50	218	817.50	272.50	246	922.50	307.50	274	1027.50	342.50	302	1132.50	377.50	330	1237.50	412.50
191	716.25	238.75	219	821.25	273.75	247	926.25	308.75	275	1031.25	343.75	303	1136.25	378.75	331	1241.25	413.75
192	720.»»	240.»»	220	825.»»	275.»»	248	930.»»	310.»»	276	1035.»»	345.»»	304	1140.»»	380.»»	332	1245.»»	415.»»
193	723.75	241.25	221	828.75	276.25	249	933.75	311.25	277	1038.75	346.25	305	1143.75	381.25	333	1248.75	416.25
194	727.50	242.50	222	832.50	277.50	250	937.50	312.50	278	1042.50	347.50	306	1147.50	382.50	334	1252.50	417.50
195	731.25	243.75	223	836.25	278.75	251	941.25	313.75	279	1046.25	348.75	307	1151.25	383.75	335	1256.25	418.75
196	735.»»	245.»»	224	840.»»	280.»»	252	945.»»	315.»»	290	1050.»»	350.»»	308	1155.»»	385.»»	336	1260.»»	420.»»
197	738.75	246.25	225	843.75	281.25	253	948.75	316.25	281	1053.75	351.25	309	1158.75	386.25	337	1263.75	421.25
198	742.50	247.50	226	847.50	282.50	254	952.50	317.50	282	1057.50	352.50	310	1162.50	387.50	338	1267.50	422.50
199	746.25	248.75	227	851.25	283.75	255	957.25	318.75	283	1061.25	353.75	311	1166.25	388.75	339	1271.25	423.75
200	750.»»	250.»»	228	855.»»	285.»»	256	960.»»	320.»»	284	1065.»»	355.»»	312	1170.»»	390.»»	340	1275.»»	425.»»
201	753.75	251.25	229	858.75	286.25	257	963.75	321.25	285	1068.75	356.25	313	1173.75	391.25	341	1278.75	426.25
202	757.50	252.50	230	862.50	287.50	258	967.50	322.50	286	1072.50	357.50	314	1177.50	392.50	342	1282.50	427.50

Hectolitres	DROIT B. F.	DROIT P. B.	Hectolitres	DROIT B. F.	DROIT P. B.	Hectolitres	DROIT B. F.	DROIT P. B.	Hectolitres	DROIT B. F.	DROIT P. B.	Hectolitres	DROIT B. F.	DROIT P. B.	Hectolitres	DROIT B. F.	DROIT P. B.
343	1286.25	428.75	371	1391.25	463.75	399	1496.25	498.75	427	1601.25	533.75	455	1706.25	568.75	483	1811.25	603.75
344	1290.»»	430.»»	372	1395.»»	465.»»	400	1500.»»	500.»»	428	1605.»»	535.»»	456	1710.»»	570.»»	484	1815.»»	605.»»
345	1293.75	431.25	373	1398.75	466.25	401	1503.75	501.25	429	1608.75	536.25	457	1713.75	571.25	485	1818.75	606.25
346	1297.50	432.50	374	1402.50	467.50	402	1507.50	502.50	430	1612.50	537.50	458	1717.50	572.50	486	1822.50	607.50
347	1301.25	433.75	375	1406.25	468.75	403	1511.25	503.75	431	1616.25	538.75	459	1721.25	573.75	487	1826.25	608.75
348	1305.»»	435.»»	376	1410.»»	470.»»	404	1515.»»	505.»»	432	1620.»»	540.»»	460	1725.»»	575.»»	488	1830.»»	610.»»
349	1308.75	436.25	377	1413.75	471.25	405	1518.75	506.25	433	1623.75	541.25	461	1728.75	576.25	489	1833.75	611.25
350	1312.50	437.50	378	1417.50	472.50	406	1522.50	507.50	434	1627.50	542.50	462	1732.50	577.50	490	1837.50	612.50
351	1316.25	438.75	379	1421.25	473.75	407	1526.25	508.75	435	1631.25	543.75	463	1736.25	578.75	491	1841.25	613.75
352	1320.»»	440.»»	380	1425.»»	475.»»	408	1530.»»	510.»»	436	1635.»»	545.»»	464	1740.»»	580.»»	492	1845.»»	615.»»
353	1323.75	441.25	381	1428.75	476.25	409	1533.75	511.25	437	1638.75	546.25	465	1743.75	581.25	493	1848.75	616.25
354	1327.50	442.50	382	1432.50	477.50	410	1537.50	512.50	438	1642.50	547.50	466	1747.50	582.50	494	1852.50	617.50
355	1331.25	443.75	383	1436.25	478.75	411	1541.25	513.75	439	1646.25	548.75	467	1751.25	583.75	495	1856.25	618.75
356	1335.»»	445.»»	384	1440.»»	480.»»	412	1545.»»	515.»»	440	1650.»»	550.»»	468	1755.»»	585.»»	496	1860.»»	620.»»
357	1338.75	446.25	385	1443.75	481.25	413	1548.75	516.25	441	1653.75	551.25	469	1758.75	586.25	497	1863.75	621.25
358	1342.50	447.50	386	1447.50	482.50	414	1552.50	517.50	442	1657.50	552.50	470	1762.50	587.50	498	1867.50	622.50
359	1346.25	448.75	387	1451.25	483.75	415	1556.25	518.75	443	1661.25	553.75	471	1766.25	588.75	499	1871.25	623.75
360	1350.»»	450.»»	388	1455.»»	485.»»	416	1560.»»	520.»»	444	1665.»»	555.»»	472	1770.»»	590.»»	500	1875.»»	625.»»
361	1353.75	451.25	389	1458.75	486.25	417	1563.75	521.25	445	1668.75	556.25	473	1773.75	591.25	600	2250.»»	750.»»
362	1357.50	452.50	390	1462.50	487.50	418	1567.50	522.50	446	1672.50	557.50	474	1777.50	592.50	700	2625.»»	875.»»
363	1361.25	453.75	391	1466.25	488.75	419	1571.25	523.75	447	1676.25	558.75	475	1781.25	593.75	800	3000.»»	1000.»»
364	1365.»»	455.»»	392	1470.»»	490.»»	420	1575.»»	525.»»	448	1680.»»	560.»»	476	1785.»»	595.»»	900	3375.»»	1125.»»
365	1368.75	456.25	393	1473.75	491.25	421	1578.75	526.25	449	1683.75	561.25	477	1788.75	596.25	1000	3750.»»	1250.»»
366	1372.50	457.50	394	1477.55	492.50	422	1582.50	527.50	450	1687.50	562.50	478	1792.50	597.50			
367	1376.25	458.75	395	1481.25	493.75	423	1586.25	528.75	451	1691.25	563.75	479	1796.25	598.75			
368	1380.»»	460.»»	396	1485.»»	495.»»	424	1590.»»	530.»»	452	1695.»»	565.»»	480	1800.»»	600.»»			
369	1383.75	461.25	397	1488.75	496.25	425	1593.75	531.25	453	1698.75	566.25	481	1803.75	601.25			
370	1387.50	462.50	398	1492.50	497.50	426	1597.50	532.50	454	1702.50	567.50	482	1807.50	602.50			